AF396168

ÉVASION

ET

ENLÈVEMENT

DE

PRISONNIERS FRANÇAIS

DE L'ILE DE

CABRERA,

PAR BERNARD MASSON,

Prisonnier de guerre.

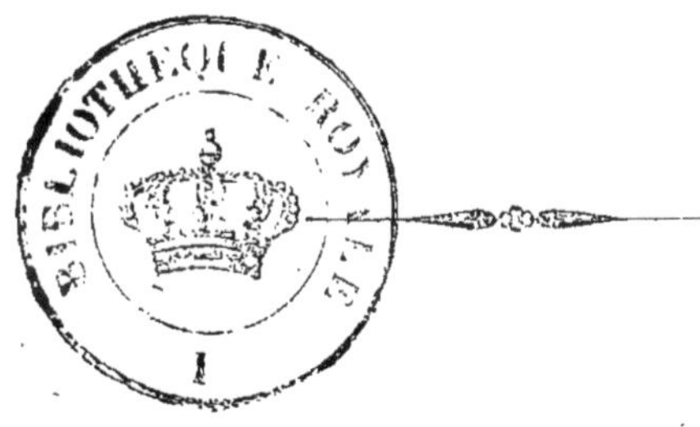

Marseille,

TYPOGRAPHIE DE NICOLAS, IMPRIMEUR-ÉDITEUR.

—

1839.

A

MES AMIS.

———◆———

Lorsque j'ai raconté devant vous ce que vous avez cru devoir appeler mes aventures, vous m'avez pressé d'en écrire le récit. J'ai résisté, dans la crainte que votre indulgente amitié ne se fût exagéré l'intérêt qu'elles peuvent inspirer. Notre siècle n'est pas celui de la sensibilité. Dans ce long drame, où chacun de nous est devenu acteur, tout le monde a eu sa part de peines. On aime le souvenir des siennes ; celles des autres sont importunes.

Vous le savez, il n'est pas dans mon caractère de provoquer sur ma personne l'attention du public, moins encore de récriminer contre qui que ce soit. Maltraité par la fortune, je n'eus

jamais à me plaindre des hommes; et si mes services n'ont pas reçu le prix dont vous les avez
jugés dignes, je reconnais que c'est la faute des
temps. J'ai servi mon pays avec toute la force
d'une constitution vigoureuse, et, j'ose le dire,
avec l'énergie d'une âme qui ne se laisse point
abattre par les revers. Je suis content. Mériter
a été l'ambition de ma vie; obtenir me sera toujours peu de chose.

C'est donc pour vous, ô mes amis, et pour mes
jeunes enfants que je consens à recueillir mes
souvenirs et mettre en ordre les nombreuses
notes que j'ai prises sur un malheureux épisode
de ma vie. Je n'entends pas écrire des mémoires
selon l'acception qu'aujourd'hui l'on donne à
ce mot. Qui suis-je pour avoir le droit de mettre
sous vos yeux les diverses circonstances de ma
vie privée, et même l'état de mes services militaires? Je vous parlerai seulement des faits qui
ont signalé mon séjour, comme prisonnier de
guerre, dans l'île de Cabrera, de mon évasion et
de mon retour dans ce lieu de douleur, pour

enlever une seconde partie de prisonniers français.

Mes amis, quand votre bienveillante amitié
m'impose un devoir si pénible, n'exigez de moi
qu'un simple récit. Elevés dans les camps, nous
autres militaires, nous savons mieux manier l'é-
pée que la plume, et supporter les peines que les
raconter. Accordez-moi votre indulgence : je ne
puis vous offrir que ma sincérité.

ÉVASION ET ENLÈVEMENT

DE

PRISONNIERS FRANÇAIS

DE

L'ÎLE DE CABRERA.

LES brillantes campagnes de 1805 à 1807 avaient électrisé tous les cœurs. Austerlitz, Eylau, Iéna, victoires immortelles qui semblaient avoir à jamais fixé la fortune sous nos drapeaux, environnaient l'état militaire d'une auréole de gloire et de plaisir. La jeunesse se portait dans les camps avec la seule crainte de ne plus trouver assez de lauriers à cueillir ; je cédai, comme tant d'autres, à ces pressantes inspirations, et, sans attendre l'âge auquel la loi devait m'appeler, je me fis soldat à dix-huit ans.

Que d'illusions dans la tête d'un jeune homme ! Gloire, plaisir, fortune, je voyais tout dans la carrière que j'allais parcourir ; tout, excepté les épines dont elle devait être semée. Mais aussi quelle nouvelle Cassandre aurait pu prévoir que l'étoile de ma patrie allait bientôt perdre de son éclat !

Je fus dirigé sur Gênes, où j'arrivai le 23 juillet 1807. Ni la vue de ces superbes bâtiments de marbre, spectacle si nouveau pour moi, ni l'aspect de ce port qui semble l'entrepôt de toutes les marchandises du monde, ne captivèrent mes regards : je ne voyais que l'armée, et n'avais d'autre désir que celui d'être bientôt revêtu des insignes du nouvel état auquel je me dévouais.

Je fus admis dans le 67e régiment de ligne, dont le dépôt était dans cette ville.

Les premiers exercices militaires ne me furent nullement pénibles : on a bientôt appris ce que l'on étudie par goût. Dans quelques mois, je fus, à ma grande satisfaction, jugé capable d'entrer en campagne, et le 15 août 1808, jour de la fête de l'empereur, je partis, avec le quatrième bataillon du régiment, pour l'armée d'Espagne, où je fis partie du septième corps, sous les ordres du général Saint-Cyr.

Tout le monde connaît les funestes résultats de la guerre d'Espagne ; mais on ne sait pas assez tout ce qu'il a fallu de peines, de dangers et d'abnégation personnelle, à ceux qui ont été appelés à la faire. Dans les guerres ordinaires, on est en présence d'un ennemi que l'on combat corps-à-corps, dont on peut suivre tous les mouvements. Le plus souvent une grande bataille décide du sort de la campagne. Vainqueur, on jouit des droits de la victoire, vaincu, on est protégé par un sentiment d'honneur devenu loi chez tous les peuples civilisés, qui consiste à ne faire à ses ennemis aucun mal inutile après la victoire. Il n'en était pas ainsi en Espagne. De grandes batailles gagnées semblaient avoir mis fin à la guerre, et le lendemain on voyait surgir de nouvelles armées qui disparaissaient au besoin pour se former en *guerillas* et assassiner en détail nos traîneurs ou nos corps détachés : et alors, que d'horribles atrocités exécutées de sang-froid sur des malheureux sans défense! A cette affreuse perspective, ajoutez, pour les soldats de l'armée d'Espagne, que l'Empereur n'était point là, et que presque toutes les faveurs étant réservées pour la grande armée qu'il commandait, leur dévouement devait rester inaperçu.

Trois années s'écoulèrent dans une succession rapide d'évènements militaires souvent heureux, quelquefois malheureux. Dans ce laps de temps, je pris part à dix fortes batailles, à un très grand nombre d'escarmouches et à trois siéges, pendant lesquels j'obtins souvent les témoignages les plus flatteurs de l'estime de mes chefs. Quoique jeune encore et peu formé à l'état militaire, ma bonne conduite m'avait élevé au grade de sergent, dont j'étais plus charmé à 21 ans que je n'aurais pû l'être à 40 de celui de colonel.

Nous voici arrivés au 17 mars 1811, jour néfaste dont le souvenir ne s'effacera jamais de ma mémoire.

Le bataillon était à Olot en Catalogne. Trois compagnies avaient été détachées à Castel-Feuillit, sous le commandement de M. le capitaine Parmentier. Ces compagnies avaient pris position sur un plateau ayant à sa droite une redoute, et sur ses derrières le village précité, difficile à enlever.

Je commandais un poste de douze hommes chargé de la défense de ce village vers Bazalou. L'ennemi en nombre très supérieur, fait une fausse attaque du côté opposé pour attirer les compagnies hors du camp et dans un ravin où elles n'auraient pu éviter d'être faites prisonnières. En effet, elles donnaient dans le piège, et l'ennemi s'avançait sur mon poste pour exécuter son mouvement, ne comptant point trouver de résistance dans un détachement aussi faible. Je sentis alors que le salut des compagnies exigeait le sacrifice de ma vie et de celle de mes compagnons. Nous nous défendîmes en désespérés pendant une demi-heure. M. le capitaine Parmentier eut le temps de reconnaître l'inutilité de ses efforts pour la conservation du camp, et celui de se retirer sans perte à Olot. Pour nous, après avoir épuisé jusqu'à la dernière de nos cartouches, nous croisâmes la bayonnette, et ne nous rendîmes qu'après que le caporal et deux hommes du détachement eurent été tués sur place.

Nous avions à faire aux bandes de Fabrega, connues de toute l'armée par leur extrême férocité. Les mauvais traitements que nous essuyâmes ne purent du moins nous surprendre. Nous fûmes d'abord complètement dévalisés et dépouillés de nos vêtements, sans en excepter la chemise. On me donna en échange une mauvaise culotte courte et un mouchoir en lambeaux dont je m'enveloppai la tête. Mes huit compagnons de malheur ne furent pas mieux traités que moi. Sans chaussure aucune et à peu près nus, nous fûmes acheminés vers Tarragone. Dans cette route de quarante lieues, nous eûmes pour toute nourriture trois misérables rations de pain, mais en revanche, force injures et menaces tant de nos gardiens que de la population des lieux que nous eûmes à traverser.

S'il existe parmi nous des personnes qui ne sachent pas apprécier l'avantage d'être français, je leur souhaite, pour leur instruction, l'épreuve d'un voyage pareil au nôtre au milieu d'une population dépourvue de tout sentiment d'humanité. En France, le malheur d'un prisonnier de guerre est toujours respecté : souvent même la charité privée vient le secourir dans ses besoins.

Du moins, il trouvent partout paix et commisération. En Espagne, si on lui a laissé la vie, ce n'a été que par un raffinement de cruauté, et pour mieux le saturer d'outrages.

Nous arrivâmes à Tarragone exténués de faim et de fatigue ; là nous trouvâmes d'autres prisonniers, dont quelques-uns, par l'effet des circonstances, n'avaient pas été aussi maltraités que nous. L'un d'eux put me donner une capote. Nous fûmes moins malheureux : nous parlions de la France et des moyens de la revoir. Au milieu de beaucoup d'illusions et de projets, nous nous arrêtâmes à celui de forcer la garde, au risque de ce qui pourrait nous en arriver, sortir de prison et

joindre les avant-postes français que nous savions
n'être pas éloignés, bien décidés à mourir dans
l'exécution de cette entreprise plutôt que de
supporter les rigueurs de la captivité. Malheureusement, soit prévision de notre projet, soit
crainte du siége dont la ville était menacée, nous
fûmes avertis que nous allions être embarqués
pour l'île de Cabrera.

Avec quel désespoir n'apprîmes-nous pas toute
l'étendue de notre malheur! Nous savions que
plus de trois mille de nos frères, qui nous avaient
précédés dans cette affreuse prison, y avaient
déjà succombé aux excès de la barbarie espagnole,
et que nous allions à notre tour chercher une
mort assurée dans la misère qui nous y attendait.

Ce fut dans ces sombres réflexions que nous
vîmes disparaître les côtes d'Espagne, et avec
elles, les moyens de rejoindre l'armée française,
notre seule espérance. Nous relachâmes dans l'île
de Mayorque, à Palma, où nous eûmes à courir
des dangers d'une autre nature.

Tous les moyens sont bons pour la perfidie
espagnole. D'adroits embaucheurs s'insinuaient
parmi les prisonniers. Ils leur représentaient,
d'un côté, les maux qui les attendaient, et dont
tout ce qu'ils avaient éprouvé n'était que le pré-

lude, de l'autre, les avantages qu'ils trouveraient dans les rangs de l'armée espagnole, considérations qui, présentées avec adresse et persévérance, en séduisirent quelques-uns. Pour mon compte, je ne fus point à l'abri de pareilles propositions.

Un chef supérieur me fit, à plusieurs reprises, l'offre du grade d'officier et d'un avancement rapide, offre que je repoussai avec une indignation, de laquelle cependant je ne puis me faire un mérite, tant m'a toujours paru grande l'infâmie de qui peut se résigner à porter les armes contre sa patrie. Moins de vie, s'il le faut, mais plus d'honneur, telle fut et telle sera toujours ma règle. Quelques jours après, nous fûmes jetés sur la plage brûlante de Cabrera.

L'île de Cabrera, située au sud de Mayorque, a quatre ou cinq lieues de circonférence. C'est un vaste rocher recouvert d'un peu de terre de la plus absolue stérilité. On n'y trouve aucun arbre à fruit, aucune espèce de légumes, ni rien de ce qui peut entrer dans les besoins de la vie humaine. Le blé même ne peut y prendre racine. On n'y aperçoit aucune verdure, seulement quelques misérables pins sur un sombre rideau de bruyère. Ses arides montagnes ne recèlent aucune bête fauve; quelques rats sont les seuls hôtes de ces

tristes lieux. On ne trouve rien dans toute l'île
que la main de l'homme semble avoir touché ;
aucun vestige d'habitation, excepté un vieux fort
inhabitable et abandonné. Ajoutez à cela un air
peu salubre et un soleil brûlant, et vous aurez le
beau idéal d'une prison digne des plus grands
criminels.

Quatre ou cinq mille prisonniers étaient déjà
réunis dans ce lieu de désolation. O mes amis,
peignez-vous, si vous le pouvez, la profonde
stupeur dont nous fûmes frappés en voyant cette
foule de malheureux, ressemblant à des ombres
plutôt qu'à des hommes ; les uns, tout nus, les
autres n'ayant qu'un mauvais pantalon sans chemise, ou une veste en lambeaux ; tous portant
sur leur figure l'empreinte de la misère à laquelle
ils étaient près de succomber. Squelettes ambu-
lants qui ne conservaient tout juste assez de vie
que pour sentir l'horreur de leur situation. Ces
infortunés s'approchaient de nous d'un œil ha-
gard et nous demandaient des secours que nous
ne pouvions leur donner. Hélas ! nous étions
nous-mêmes bien plus malheureux : du moins,
chez nous l'habitude n'avait point encore émoussé
le sentiment ; car, pour la plupart des hommes,
l'excès de la misère dégrade l'âme comme le

corps, et produit au moral et au physique une prostration absolue.

Tel allait être le sort qui nous attendait.

Déposés sur le rivage, nous nous répandîmes dans l'île pour y chercher la position la plus convenable. D'abord nous y menâmes une vie tout-à-fait nomade, errants à l'aventure dans toutes ses parties, et cherchant tantôt sous l'avancement des rochers, tantôt sous les branches de quelque arbre, un faible abri contre l'ardeur brûlante du soleil, ou contre l'humidité de la nuit. Bientôt cependant nous sentîmes que l'apathie ne remédie à rien, et qu'il convenait de se créer des ressources plus assurées contre l'intempérie des saisons.

Deux plateaux, l'un plus grand, l'autre plus petit, étaient les seuls points sur lesquels on pût s'établir avec quelque avantage; ces lieux eurent par la suite les noms de grand et de petit camp. Nous y construisîmes des cabanes. On peut penser que les alignements furent fort mal pris : chacun occupant la place qui lui semblait la plus commode, et n'ayant parmi nous aucun chef dont les ordres pussent imprimer aux travaux une direction uniforme. Les Espagnols nous avaient laissé quelques outils. On s'en servit pour creuser dans

la terre ou dans les rochers des fosses capables
de loger huit ou dix personnes. Des branches
d'arbres recouvertes de terre leur formaient une
toiture qui les mettait à l'abri de la pluie et des
ardeurs du soleil.

Ces précautions prises contre l'intempérie du
climat, nous eussions voulu pouvoir en trouver
contre la famine, notre plus redoutable fléau;
malheureusement la plaie était incurable. Quelques-uns de nous semèrent quelques légumes;
mais leurs essais furent infructueux où de peu
d'utilité, et ne produisirent que l'anéantissement
de nos espérances. Cependant les rations que le
gouvernement espagnol accordait aux prisonniers
étaient si modiques, qu'elles ne suffisaient pas
même à la moitié de leurs besoins. Ces rations,
qui devaient être d'une livre de pain par jour,
étaient d'abord réduites par la fraude des fournis-
seurs que le défaut de surveillance laissait tout-à-
fait à l'aise. Confectionnées à Mayorque, elles
passaient ensuite par l'intermédiaire d'autres
agents, qui leur fesaient subir une nouvelle dimi-
nution, et nous arrivaient tous les quatre jours
dans un tel état d'exiguité que beaucoup d'entre
nous les avaient dans l'instant dévorées, au risque
de mourir de faim dans l'attente d'une distribu-

tion nouvelle. Combien n'ai-je pas vu de malheureux tomber d'inanition et mourir en attendant
la barque qui portait les vivres ! Ma plume se
refuse à retracer le tableau de toutes les horreurs
dont j'eus la douleur d'être témoin.

Une racine qui croissait le plus souvent sur les
tombeaux, avait été signalée comme un poison,
et cependant tous les jours un assez grand nombre de malheureux, cédant aux faméliques besoins
de leur estomac, et peut-être au désir de termi-
ner une vie insupportable, ne craignaient pas de
s'en rassasier. Ils mouraient, sans que ces tristes
exemples trouvassent moins d'imitateurs.

On vit des hommes aller assouvir leur faim dé-
vorante dans les matières fécales. Que de crimes
même commis sous l'inspiration de la faim ! Un
malheureux fut trouvé déchirant le cadavre d'un
de ses camarades qu'il venait d'assassiner pour
se repaître de sa chair. Ce crime ne resta pas
impuni. Ce misérable, livré aux Espagnols, fut
condamné par un conseil de guerre à être fusillé.
Le jugement fut exécuté sous nos yeux. Il avait
déclaré dans les débats que c'était le troisième
crime de cette nature qu'il avait commis, et
qu'il aurait dévoré même son propre père, s'il se
fût trouvé seul avec lui, tant l'aiguillon qui le

pressait était irrésistible. Heureusement ce mons-
tre n'était pas français.

En faut-il davantage pour expliquer l'affreuse
mortalité dont furent victimes les infortunés habitants de Cabrera? Sur dix-huit mille prisonniers
de guerre qui entrèrent dans cette île maudite,
il en est sorti environ trois mille, tout le reste
ayant été dévoré par la faim. Le gouvernement
espagnol ne se lavera jamais d'une semblable
atrocité exercée sans motif sur des malheureux
que le sort des armes avait fait tomber entre ses
mains.

La plupart de nos compagnons d'infortune
ne voyaient aucun terme à nos maux, et se lais-
saient aller à un désespoir qu'heureusement je ne
partageais pas ; j'avais lu dans ma première jeunesse les aventures de Robinson Crusoé, et comme
lui, je conservais au fond de mon cœur le vague
pressentiment de quelque circonstance favorable
à une évasion que j'étais bien décidé de tenter.
Que l'espérance est un bien précieux ! lors même
qu'elle ne repose que sur de vaines illusions, elle
affaiblit le sentiment de la douleur et donne à
l'âme la force de la supporter.

Nous n'avions à la vérité rien à attendre de la
bonne volonté de nos oppresseurs, peu des évè-

nements politiques qu'on nous laissait complètement ignorer, ou qu'on avait soin de dénaturer
de manière à les rendre de plus en plus décou-
rageants. Nous ne pouvions donc trouver des
ressources qu'en nous-mêmes et dans le ferme
dessein de tout braver pour nous soustraire à
l'esclavage et porter à notre patrie le secours de
nos bras.

Après un mûr examen de divers moyens à
prendre pour notre évasion, je m'arrêtai à celui
de construire une petite chaloupe au moyen de
laquelle quelques hommes déterminés auraient
facilement enlevé un des bateaux espagnols qui
chaque nuit fesaient la pêche autour de l'île, sans
cependant l'aborder, le gouvernement l'ayant
défendu sous de fortes peines. Ce projet trouva
beaucoup de difficultés dans le défaut d'ouvriers
et d'outils nécessaires, et dans l'indispensable
nécessité de faire le travail sans que personne
pût se douter de sa destination. Il fallait pré-
texter, tantôt la construction d'une cabane, tantôt
la fabrication d'un meuble, et toujours donner
le change sur nos intentions. Dans cette entreprise, comme dans toutes celles qui eurent lieu
par la suite, le besoin du secret et la crainte qu'il
ne fût pénétré, furent tout ce qu'il y eut de plus

pénible. Nous étions environnés de tant de gens dont l'âme était flétrie par la misère, qu'il fallait se méfier de tout le monde. Soit intérêt, soit jalousie, un projet d'évasion soupçonné eût été vendu aux Espagnols, qui, certes, auraient cruel. lement usé de la découverte.

Fort heureusement nous échappâmes à ce danger, la chaloupe fut construite; mais n'ayant pas les dimensions nécessaires, elle ne put voguer. Je me hâtai de la brûler pour ne laisser subsister aucune trace de projet que nous avions tant d'intérêt de ne pas laisser pénétrer.

Force nous fut de recourir à d'autres combinaisons et de recommencer sur nouveaux frais. J'avais remarqué que les bateaux pêcheurs, quoique n'abordant jamais Cabrera, s'en approchaient assez pour pouvoir être enlevés au moyen d'un instrument lancé d'une certaine distance. J'imaginai de faire un grappin en fer, et de le fixer au bout d'une légère chaîne également en fer pour qu'elle ne pût être aussi facilement coupée. Toute la difficulté consistait à se procurer la matière indispensable pour la confection de ces instruments.

Peu de temps après notre arrivée dans l'île, j'avais senti qu'il serait toujours impossible autant qu'inutile de tenter un projet d'évasion, si nous n'avions pas quelques fonds et les vivres nécessaires pour la traversée, et même que nous ne pourrions jamais nous procurer ces ressources que par le travail. Je n'ai jamais pu supporter l'oisiveté. Après avoir examiné les divers moyens sur lesquels je pouvais fonder l'espoir de quelque gain, je me mis dans l'idée de devenir sculpteur, quoique tout-à-fait étranger à ce genre d'industrie. La nécessité est un grand maître; je me procurai un couteau avec lequel je fis de petites madones et autres figures en bois, à la manière des bergers de la Suisse. Ces premiers essais me réussirent parfaitement. Je les proposai aux Espagnols qui venaient tous les quatre jours nous faire la distribution du pain. Ils les revendirent avec bénéfice à des marchands de Mayorque. Me voilà donc encouragé dans ce travail et bientôt imité et surpassé même par le sergent Maillé, mon camarade de cabane, que l'espoir d'une prochaine évasion avait aussi préservé de l'abattement. Bientôt les marchands vinrent eux-mêmes acheter nos produits et nous donnèrent en échange des objets en fer dont nous prétextions la nécessité pour l'entretien de nos loges, des outils pour travailler le bois, du riz, des légumes et autres comestibles, et même quelques pièces d'argent. On peut bien penser que notre travail n'était pas surpayé, mais il devenait productif par notre assiduité, et nous lui dûmes, outre une amélioration sensible à notre position, l'avantage d'avoir pu tenter et parvenir enfin à notre délivrance.

\ Après avoir fabriqué du mieux qu'il me fut possible le grappin et une petite chaîne de vingt pieds à laquelle il fut attaché, nous nous mîmes en mesure d'en faire usage. Six ou huit hommes placés secrètement en embuscade derrière les rochers les plus fréquentés des pêcheurs, guettaient continuellement les bateaux pour les surprendre. Dix autres bien déterminés, cachés à portée, devaient être avertis par un signal convenu, et empêcher à grands coups de pierres tout mouvement de résistance de la part des pêcheurs, pendant que les premiers devaient tirer fortement le bateau vers le rivage. Les vivres nécessaires à la traversée avaient été préparés et cachés dans un lieu sûr. Toutes les combinaisons étaient faites, toutes les mesures étaient prises pour l'exécution du projet, et je me croyais assuré de la réussite, quand j'appris à n'en pouvoir douter que nous étions trahis et vendus par un misérable qui avait pénétré notre dessein. Je versais des larmes de rage en voyant ainsi disparaître le fruit d'un travail de dix mois, par l'effet d'une trahison qui avait mis en défaut toute notre prudence.

Le commandant de la frégate, prévenu de ce complot d'évasion, avait défendu aux pêcheurs, sous les peines les plus sévères, d'approcher des côtes de l'île. Une surveillance beaucoup plus active était exercée sur tous les prisonniers, mais plus particulièrement sur moi qui avais été désigné comme l'auteur et le chef de l'entreprise. Toutes mes démarches étaient épiées. Il fallait donc renoncer, du moins pour un temps, à toute tentative nouvelle, tromper l'opinion de mes Argus par une apparence de résignation, et reprendre mes habitudes de travail suspendues pendant tout le temps qu'avait duré l'espoir de capturer un bateau pêcheur.

J'ai bien de la peine à concevoir aujourd'hui comment, après deux pareilles tentatives formées avec tant de soins, suivies avec tant de peines et pourtant si infructueuses, il pût entrer dans mon esprit de me lancer de nouveau dans une carrière si aventureuse. Je venais d'apprendre par une cruelle expérieuce que si, dans les

entreprises de cette nature, il y a des inconvénients que la prudence peut prévenir, il y en a
d'autres aussi qui tiennent à des circonstances
fortuites et qui par là échappent à la prévision
des plus habiles. Heureusement le désir de la liberté pour un prisonnier, et l'amour de la patrie
pour un bon Français sont des sentiments en présence desquels la raison a toujours peu d'empire.

Je passais un jour sur la plage en vue de la
frégate qui observait l'île. Je vis la chaloupe
amarrée à ses flancs. Il me sembla que c'était la
seule ressource que la providence nous réservait,
et que nous ne pouvions être sauvés que par elle.
Je fus tenté d'aller l'enlever la nuit suivante ;
mais je me rappelai qu'un gendarme s'était noyé,
il y avait un an, en essayant d'exécuter cette entreprise. Je savais aussi que les Espagnols, s'étant
douté de son dessein, avaient pris des précautions
contre le retour d'un pareil danger, en enlevant
tous les soirs les agrès, qu'ils emportaient sur le
pont de la frégate. Or, que faire de la chaloupe
sans les agrès ? nous n'avions rien encore qui pût
leur être substitué.

Avant de me livrer à un découragement pré-
maturé ou à une espérance présomptueuse, je
crus, pour toute prudence, que je devais aller

moi-même à la nage visiter cette chaloupe, et prendre ensuite une détermination conforme aux résultats de cette visite. J'avoue que le sort du gendarme me donnait à penser. Mais je me crus meilleur nageur que lui, et je comptais un peu sur ma bonne étoile. Il fallait du reste ne tenter cette aventure que dans une nuit bien obscure, pour ne pas être aperçu, et par une mer un peu houleuse, afin que le bruit des vagues pût couvrir celui que je ferais en nageant.

Il se présenta bientôt une nuit telle que je pouvais la désirer. Je partis à minuit et j'arrivai sans accident. Je touchai cette bienheureuse chaloupe sur laquelle je fondais déjà l'espérance de notre salut. Je vis qu'elle était réellement dégarnie de ses agrès et amarrée à la frégate par un gros cable, ce qu'il m'importait fort de savoir, car si elle eût été amarrée avec une chaîne, l'enlèvement eût été impossible. Je m'en retournai satisfait.

Préalablement à toute nouvelle démarche, je crus devoir faire confidence de mon dessein au sergent Maillé, mon camarade de cabane. Le sergent Maillé était un homme ferme, capable d'exécuter une entreprise périlleuse quand il avait une fois pris son parti; mais prudent et difficile à être mis en mouvement, d'ailleurs plein d'honneur et de courage. Le projet d'enlever la chaloupe ne lui parut pas exécutable; il n'en vit d'abord que le danger et la difficulté de se procurer deux mâts, deux voiles, le gouvernail, les rames et les cordages nécessaires, et cela dans un lieu où tout nous manquait et dans lequel nous étions environnés d'une surveillance continuelle. Ces considérations étaient puissantes, mais je les avais prévues, et par le détail que je fis à mon camarade des ressources que nous pourrions nous procurer, je l'amenai tout-à-fait à mon opinion.

Il fut convenu que nous mettrions dans nos projets quelques prisonniers d'une cabane voisine, au nombre de quatorze, dont nous étions sûrs, auxquels les Espagnols, pour un mince salaire, faisaient carder de vieux cables qu'ils réduisaient en étoupes pour calfater les bâtiments, et ce, à la seule condition qu'ils fourniraient les étoupes nécessaires à la fabrication des cordages dont nous avions besoin.

Quant aux voiles, voici quelle était notre ressource. On avait formé dans les salles délabrées du vieux fort dont nous avons parlé, une espèce de mauvais hôpital. Les prisonniers en étaient eux-mêmes, ou du moins quelques-uns d'entr'eux, médecins, directeurs, infirmiers. La générosité espagnole ne s'était pas mise en grands frais pour son approvisionnement. Elle s'était bornée à fournir quelques paillasses dont pouvait disposer en sa qualité d'économe le sieur Mauzac, sergent-major du 67me régiment. Nous l'associâmes à notre projet, à la charge de soustraire de son magasin deux paillasses pour servir à la confection des voiles, qui ne furent achevées qu'au moyen de pièces et morceaux de toute espèce d'étoffes.

Quoique par ces dispositions nous fussions assurés des cordages et des voiles nécessaires, il s'en fallait bien que notre tâche fût remplie, et que nous fussions quittes de soucis. Le plus difficile nous restait à faire. Il fallait se procurer des mâts, des rames et un gouvernail; et l'île était entièrement dépourvue de bois propre à la fabrication de ces objets. J'imaginai de faire servir à cet usage les pièces de bois de notre cabane, et de la démolir sous prétexte de vouloir la reconstruire dans une autre partie de l'île plus favorable au débit des petits objets que nous n'avions cessé de fabriquer. J'annonçai qu'il nous convenait d'être logés au grand camp, lieu plus fréquenté des marchands qui venaient acheter nos produits, m'attachant à donner à la démolition de la cabane la couleur d'un changement de domicile. Je me logeai provisoirement, ainsi que mon camarade Maillé, dans la cabane d'un de nos voisins qui était aussi de la partie, et je pus, après avoir démoli la nôtre, disposer du bois qui supportait la terre dont elle était recouverte, pour la construction du gouvernail, des mâts et autres objets nécessaires à la chaloupe.

J'assignai à chacun sa part de travail : aux uns les cordes et les voiles, aux autres le gouvernail, les mâts et les rames. Chacun de ces travaux s'exécutait dans une même cabane dont les habitants avaient le plus grand soin de veiller à ce qu'aucune personne étrangère ne pût y pénétrer. La corde fut tout ce qu'il y eut de plus difficile. Aucun de nous ne sachant la faire, nous y suppléâmes par une tresse de deux cent quatre-vingt brasses, longueur que j'avais cru être celle de la distance de la frégate au rivage.

Dans la visite faite à la chaloupe, j'avais eu le temps d'en prendre assez exactement les dimensions. Je pus diriger la construction du gouvernail, des mâts et des voiles avec assez de justesse pour être assuré que l'embarcation pourrait être manœuvrée. Au bout de quarante-six jours tout était prêt.

Pendant la durée de ces travaux, ma plus pénible sollicitude était que notre secret ne fût éventé par la vue de quelques-uns de ces objets qui en auraient facilement fait deviner l'emploi. Il fallait pourvoir aux moyens de les soustraire à tous les regards, et les déposer dans un lieu sûr d'où ils pussent être facilement retirés à tout moment pour le besoin de l'embarcation.

Il y avait à l'est de l'île et à une distance assez considérable du lieu que nous habitions, une grotte naturelle assez spacieuse que j'avais visitée quelquefois dans les jours de désœuvrement. Ses avenues étaient difficiles, et l'obscurité en était telle qu'on ne pouvait y pénétrer qu'avec des flambeaux. Nous y déposâmes les mâts, les voiles, et tout ce que chacun de nous avait pu se procurer de vivres pour la traversée. Cette grotte était d'autant plus commode pour y tout déposer, que, située au bord de la mer, hors de vue et de portée de la frégate, nous pouvions y conduire la chaloupe, et travailler sans danger d'être entendus, à la garnir de ses agrès et embarquer les provisions.

Quant aux rames et au gouvernail, nous les cachâmes dans les rochers sur les points les plus rapprochés du lieu où la chaloupe devait être

d'abord amenée dès que le cable en serait coupé.
Ces divers lieux, je les faisais constamment ob-
server par quelques-uns d'entre nous, mais de
loin en loin, pour ne pas éveiller les soupçons.

Pendant que nous étions occupés de ces pré-
paratifs, un incident faillit les rendre inutiles,
et détruire encore une fois nos espérances. Plusieurs de ces malheureux à qui la misère avait
fait vendre d'autres complots d'évasion, errant
toujours dans les endroits les plus difficiles, avaient
pénétré notre secret. Ils avaient découvert les
mâts et deux barils pleins d'eau qu'ils avaient
vidés et qu'ils emportaient pour les vendre aux
Espagnols. Ils n'auraient pas manqué de dire que
des mâts étaient cachés au même endroit, ce qui
aurait donné lieu à des recherches dont l'inévitable résultat eût été tout au moins la ruine de
notre projet. Mais, par bonheur, le nommé André, natif de Lunel-Viel (Hérault), préposé à la
surveillance de la grotte, les aperçut emportant
chacun un baril. Ils étaient deux. Il courut à
eux et les fit rétrograder. Ensuite, au lieu de les
renvoyer sans les maltraiter et de leur faire quelque belle promesse à laquelle ils n'auraient vrai-
semblablement pas cru, André, pas plus tendre
qu'il ne fallait, leur administra une vigoureuse

distribution de coups. La providence voulut que cette correction tournât à bien. Soit à raison de mon grade, soit qu'ils me connussent pour le chef de l'entreprise, ces misérables s'adressèrent à moi pour demander satisfaction des mauvais traitements qu'ils avaient reçus.

Je sentis qu'il convenait de leur faire un meilleur accueil, et de les intéresser au secret en ayant l'air de les associer aux avantages de l'entreprise. Je leur dis que le projet consistait à construire une grande barque sur laquelle ils auraient place eux et leurs camarades de cabane, mais qu'il n'y avait rien de fait que ce qu'ils avaient vu, et qu'il fallait encore au moins deux mois de travail. Ensuite, pour prix du secret que je leur demandai, je leur promis à chacun deux livres de fèves et deux sous par jour jusques au moment du départ. Par ce moyen, le plus religieux silence fut observé, la pension promise ayant toujours été régulièrement payée.

Jusqu'ici je n'avais pas cru devoir associer plus de vingt-quatre personnes à notre projet d'évasion. Je pensais qu'il était dangereux d'en mettre un plus grand nombre dans la confidence, les dangers, en de pareils projets, se multipliant toujours par le nombre des initiés. Cependant, ayant reconnu que la chaloupe pouvait porter quelques personnes de plus, je jetai les yeux sur douze de nos camarades, choisis de préférence parmi ceux qui étaient en position de se procurer des vivres. Parmi eux se trouva M. Fillatraud, lieutenant de dragons, que je ne connaissais presque pas, mais auquel il me sembla que je devais cette préférence, parce qu'il était seul officier dans l'île, et qu'il avait été séparé de ses camarades par suite d'une tentative d'évasion du Belvedère de Palma, où étaient détenus les officiers.

Toutes choses ayant succédé selon nos désirs, il ne s'agissait plus que de consommer l'entreprise, par l'enlèvement de la chaloupe. Il fut convenu que nous profiterions de la première nuit assez obscure pour ne pas courir risque d'être aperçu par les sentinelles de la frégate et de la canonnière qui, certes, ne m'auraient pas fait grâce. Cette nuit si désirée arriva bientôt.

Le 19 août 1813, il pleuvait à torrents, la mer était courroucée, et le ciel tellement obscur, à dix heures du soir, qu'on ne voyait pas à deux pieds de distance. Je réunis tous mes gens derrière les cabanes du petit camp. Je commençai à envoyer au lieu où se trouvaient les vivres, les mâts et les voiles, quinze hommes dirigés par le sergent Maillé, avec ordre d'éclairer la grotte et de rapprocher les divers objets qui y étaient déposés, le plus près possible du point où la chaloupe pouvait être amenée. Je me rendis avec mes autres camarades sur la pointe d'où je devais partir à la nage. Là, j'indiquai le lieu où avaient été cachés les rames et le gouvernail que quatre hommes furent chercher. Le caporal Rosier de Romans, habile nageur, se chargea de me suivre.

Nous nous étions munis de la corde ou tresse dont j'ai parlé pour servir à tirer la chaloupe sur le rivage. Il fut arrêté que l'un des bouts restant à cet effet entre les mains de nos camarades, Rosier attacherait l'autre à la chaloupe, pendant que je couperais le cable qui l'amarrait, et que ces deux opérations terminées, nous en préviendrions ceux du rivage par un fort mouvement imprimé à la corde, ce qui serait pour eux le signal de tirer. Ces conventions faites, je me dépouille de mes habits, j'attache à mon corps un gros couteau bien affilé ; je prends un bout de la corde entre les dents, et je me lance à la mer, Rosier me suivant à vingt pas de distance.

Notre but fut bientôt atteint. Arrivé près du cable que je devais couper, et sous la poupe même de la frégate, j'entends ouvrir un des sabords et je vois de la lumière. Je restai anéanti, craignant d'avoir été aperçu. Heureusement que ce sabord que l'on avait ouvert se referma aussitôt. Je repris l'usage de mes sens et me mis de suite à l'ouvrage. Pensant que le poids de mon corps rendait plus facile l'action du couteau, je me plaçai sur le cable à califourchon, et je sciai de mon mieux. Ce travail fut beaucoup plus long que je ne l'avais cru, le couteau ayant bientôt perdu son fil sur le goudron dont le cable était recouvert. Il dura bien près de trois quarts d'heure. Du moins, les sentinelles qui crient chaque quart d'heure, me firent entendre trois fois leur terrible ALIERTA.

Jusque-là je ne sentais point de fatigue, tout allait à merveille, et rien ne troublait la douce espérance d'avoir bientôt brisé mes fers, et de servir de nouveau ma patrie, quand tout-à-coup cette douce pensée dut cesser pour faire place aux plus accablantes réflexions. Le cable coupé, je me portai vers la poupe de la chaloupe, où je croyais trouver Rosier, pour faire avec lui le signal convenu. En vain je nage tout autour, je ne trouve personne, Rosier avait disparu. S'était-il noyé? ou bien la vue du sabord entr'ouvert l'avait-il effrayé et fait gagner le rivage? Dans ce cas même, n'était-il pas à craindre qu'il eût fait entendre aux autres conjurés que l'expédition était manquée et qu'il fallait se retirer? Que serais-je devenu après l'enlèvement de la chaloupe, crime que les Espagnols m'eussent fait expier par les plus horribles tourments et par la mort? Au milieu de ces cruelles pensées, ne sachant quel parti prendre, je m'approchai de la poupe de la chaloupe, quand je m'aperçus que la corde avait été attachée. Une légère espérance me ranima. Je tire la corde aussi fortement que je puis, et à plusieurs reprises, mais personne ne répond à ce signal. Il me vint alors dans l'idée que le mouvement donné à la corde, vu la distance du rivage et l'agitation de la mer, pouvait bien ne pas arriver jusqu'au bout. Moins effrayé, mais pas du tout rassuré, je me décidai à nager vers le rivage. Cependant les pénibles émotions que je venais de subir avaient tellement agité mes sens, que dans la profonde obscurité, je ne savais de quel côté chercher la plage. Il me vint dans l'idée de placer la corde sur mon épaule pour me servir de guide. Je nageai ainsi entre la crainte et l'espérance jusqu'à ce que je crus avoir franchi la moitié du trajet. J'essayai encore une seconde fois de tirer la corde, mais sans plus de succès.

Je ne doutai plus alors de la vérité de mes pres-
sentiments. Je fus persuadé qu'ayant mis plus de
temps qu'on ne croyait à couper le cable, Rosier
avait pensé que je m'étais noyé comme un gendarme l'avait fait l'année précédente en essayant
le même enlèvement; que, pénétré de cette idée,
il l'avait fait partager aux autres camarades, qui
avaient alors cru n'avoir rien de mieux à faire
que de se sauver. Dans quelle perplexité me
trouvai-je en ce cruel moment? je vis perdu pour
jamais tous les biens que je venais de conquérir
avec tant de peine, et suspendus sur ma tête des
traitements affreux qui devaient être le prix d'un
dévouement dont j'avais espéré pouvoir m'hono-
rer un jour. Dans ces désolantes réflexions, sans
aucun projet arrêté, je nageais machinalement
comme par instinct, quand tout-à-coup me trouvant à vingt pas de terre, j'entends mes camarades
causant à voix basse sur le rocher. Aussi, dans le
délire de ma joie et sans faire attention qu'on
pouvait m'entendre de la frégate, je leur criai de
toutes mes forces : *Tirez donc, malheureux que
vous êtes! il y a plus d'une heure que la corde
est attachée.*

Ce fut de bon cœur que les camarades réparè-
rent le temps perdu en tirant du mieux qu'il leur

fut possible. Mais un incident que nous n'avions pas prévu vint nous causer encore un moment de retard et m'imposer une nouvelle peine. La corde se rompt, et le vent rejette la chaloupe vers la frégate. Le besoin était urgent, et personne ne se présentant, je me jette encore à la mer, la corde entre les dents, afin d'en renouer les bouts. En ce moment seulement Rosier reparut, blotti dans la chaloupe, où il avait grimpé après avoir attaché la corde. Revenu à terre, et sans avoir le temps de m'habiller, je fus encore obligé d'aller indiquer dans le lieu où je les avais cachés les rames et le gouvernail que l'on n'avait pu trouver sur les indications données. Ces objets arrivés, on s'embarqua le plus vite possible, et bientôt douze bonnes rames eurent éloigné l'embarcation des lieux où se trouvaient la frégate et la canonnière, d'où l'on aurait pu voir ce qui se passait pour peu que le temps se fût éclairci.

Le besoin de faire diligence était si vivement senti que nous n'eûmes pas le temps d'enlever les bouts de corde qui, se trouvant encore entortillés à l'aiguille de la chaloupe, empêchaient de placer le gouvernail. Ce ne fut qu'à la sortie du golfe, et lorsque nous fûmes hors de crainte d'être vus ou entendus, que je me jetai une troisième fois à la mer pour les couper et lever les obstacles qui s'opposaient à la mise en place du gouvernail dont nous ne pouvions plus nous passer. Nous en fîmes prendre la barre à un nommé Caillot, qui, sans être marin, ayant travaillé long-temps dans un port de mer, se connaissait un peu plus que les autres à cette espèce de manœuvre. Nous ne tardâmes pas d'arriver à la grotte où nous étions attendus.

Ici, nous devions trouver de nouveaux obstacles. Je suis confus en pensant que les nombreuses difficultés que doit nécessairement rencontrer l'exécution d'un projet hardi, peuvent, aux yeux de quelques personnes, sembler avoir été amenées pour l'intérêt de la narration. On n'en jugera pas ainsi, si l'on veut justement reconnaître que, dans notre malheureuse position, dénués de toute ressource, nous étions le plus souvent réduits à n'employer que des moyens insuffisants.

L'amadou s'étant trouvé de mauvaise qualité, il avait été impossible aux hommes que j'avais envoyés à la grotte de faire du feu, ensorte qu'elle leur avait été tout-à-fait impraticable, à cause de l'extrême obscurité. Il y régna pendant long-temps une si grande confusion que chacun s'était alarmé. C'étaient des chûtes, c'étaient des plaintes, tout le monde criait à la fois, et à tel point, que les huit misérables qui avaient précédemment découvert le complot, entendant le bruit, accoururent de leurs demeures qui n'étaient pas fort éloignées. Voyant qu'ils avaient été joués et qu'il n'était pas question de les admettre sur la chaloupe, ils se prirent à piller, au moment où les plus calmes, parvenus à se reconnaître, se passaient les provisions aux mains les uns des autres pour les porter à l'embarcation. Ces malheureux s'emparèrent d'une assez grande quantité de vivres et autres effets, qu'ils volèrent sans que personne s'en aperçût. Par bonheur, sur ces entrefaites, on était parvenu à faire prendre l'amadou. Car sans cela, il eût été impossible de trouver les voiles, qui, comme pièces les plus essentielles, avaient été soigneusement cachées dans un trou, au dôme même de la grotte, d'où on n'eût pu les retirer sans le secours de la lumière.

Les choses en étaient là quand nous arrivâmes avec la chaloupe. La grotte ayant été éclairée au moyen de grandes allumettes préparées exprès, je grimpai promptement, accompagné d'un camarade qui devait me soutenir au moment où je retirerais les voiles du trou où elles étaient renfermées. Malheureusement, soit par le peu de liberté que j'avais dans mes mouvements, soit par la précipitation que je mis à les jeter en bas, elles tombèrent sur les allumettes qu'elles éteignirent soudain. Je tombai à mon tour de rochers en rochers, entraînant avec moi mon camarade qui se fracassa la mâchoire. Par une espèce de miracle, j'en fus quitte pour quelques contusions. Pendant que la grotte avait été éclairée, j'avais eu le temps de m'orienter. Cela me mit à même de trouver les deux mâts dans le coin où ils avaient été cachés. On les fit passer sur la chaloupe, où tous les camarades étaient déjà réunis et sur laquelle je pris aussi place.

Cependant le jour allait bientôt paraître et renouveler nos dangers. Tout ce que nous avions eu à souffrir, et le pressentiment de ce qui nous menaçait encore, commençait à jeter le découragement parmi nous. Trois de nos camarades demandèrent à retourner à terre. Pour empêcher que cet exemple ne fût suivi, et pressé par l'approche du jour, je fis aussitôt pousser l'embarcation au large. Cette mesure réussit parfaitement ; car personne ne songea plus au danger. On arma tous les avirons, et pendant que seize hommes ramaient vigoureusement, aidé de ceux qui s'y entendaient le mieux, je m'occupai à dresser les mâts, en les assujettissant avec des coins faits d'une rame que nous sacrifiâmes. Ensuite, nous hissâmes les voiles que nous tendîmes au moyen des mauvais cordages qui nous avaient servi à l'enlèvement de la chaloupe. Aussitôt un vent impétueux éloigna si rapidement cette frêle embarcation, que lorsque le jour commença à paraître, nous eûmes l'extrême consolation de n'apercevoir l'île de Cabrera que dans le lointain et comme un épais brouillard, et celle de penser qu'il n'était plus possible de voir de cette île la direction que la chaloupe avait prise. Mais ce même vent qui nous favorisait en doublant la rapidité de notre course, nous donna bientôt des craintes sérieuses. La mer était tellement agitée, que l'embarcation, dirigée par des mains inhabiles et sans expérience, se remplissait d'eau, et pouvait sombrer d'un instant à l'autre. Déjà l'imminence de ce danger commençait à modérer le plaisir de notre sortie de l'île. Cependant, au moyen de deux barils que je fis scier par le milieu, nous eûmes de suite quatre sceaux qui nous suffirent pour vider l'eau à mesure que les coups de mer la jetaient dans la chaloupe.

Jusqu'ici le besoin de surmonter les nombreuses difficultés dont j'ai rendu compte, avaient absorbé toute mon attention. Je m'étais peu occupé des vivres. Je voulus savoir quelles étaient à cet égard nos ressources. Mais, grand Dieu, quelle fut ma surprise! je ne trouvai que soixante-deux biscuits entiers et à peu près la valeur d'une dizaine en morceaux. Ce fut alors que je reconnus tout ce qu'avait eu de funeste pour nous la visite de ces misérables qui avaient pillé nos provisions dans la confusion du départ. Nous n'étions pas mieux pourvus d'eau. Sur quatre barils, nous venions d'en sacrifier deux à une nécessité plus pressante. Il ne nous en restait plus que deux et une cruche. Je calculai que tout cela pouvait suffire pendant trois jours à trente-trois personnes ; mais les jours suivants, il fallait se résigner à les passer dans la privation la plus absolue, jusques au terme du voyage qu'on ne pouvait prévoir avec la moindre certitude.

Nous étions partis dans la matinée du 20, pendant toute cette journée et les deux suivantes, nous eûmes un gros vent du nord qui nous poussait rapidement vers les côtes de Barbarie. L'espoir d'y arriver bientôt nous soutenait. Le 23, au lever du soleil, le vent tomba insensiblement, et le temps devint calme. La mer continua cependant d'être houleuse, et ne calma que durant la nuit suivante. Le 24, calme plat désespérant jusqu'à trois heures de l'après-midi, alors un léger vent du nord jusques à la tombée du soleil. Dans ce moment on croit découvrir des montagnes qui se présentent du côté de la proue de la chaloupe, tout-à-fait dans la direction du vent. Grande joie dans l'équipage, car l'eau et les biscuits étaient achevés depuis la veille, et chacun commençait à se désoler. La nuit fut obscure et venteuse. Lorsque le jour parut, désolation nouvelle : plus de montagnes en vue. La brume qui se levait sur la mer était si épaisse qu'elle empêchait entièrement de les voir. Cette circonstance mit dans la consternation jusques aux plus résolus, en faisant craindre que le vent n'eût varié pendant la nuit et poussé la chaloupe à une grande distance de la côte.

Heureusement il n'en était pas ainsi. Vers les dix heures du matin, lorsque le soleil eut dissipé les brouillards, l'horizon s'éclaircit et ramena la joie dans tous les cœurs en laissant voir de très près ces mêmes montagnes qu'on avait aperçues la veille. Le même jour, 24 août 1813, vers les quatre heures du soir, nous prîmes terre sur un rivage plat et recouvert de gros cailloux, voiles déployées, parce que n'ayant ni échelles ni poulies, personne ne se sentit la force de grimper sur les mâts pour les détacher. Cela fut cause qu'au moment d'arriver, la chaloupe s'ouvrit dans le fond sur les cailloux, et qu'elle eut le gouvernail cassé. Fort heureusement il n'y avait pas loin pour aborder, et tout le monde se rendit sain et sauf sur le rivage; même quelques-uns qui ne savaient pas nager, purent facilement gagner la terre à l'aide d'une corde attachée à la chaloupe.

Il est plus facile de sentir que d'exprimer toute notre joie à la fin d'une traversée entreprise avec une témérité que la nécessité seule rendait excusable, et de laquelle nous n'avions pu nous dissimuler les dangers. Notre bonheur eût été encore plus complet, si nous nous étions trouvés sur le sol de notre patrie. Mais en reportant nos souvenirs sur l'île de Cabrera et sur les mauvais traitements que nous avaient fait endurer les Espagnols, nous devions nous contenter de toute autre terre, quelque inhospitalière qu'elle fût. Plus que tout autre j'étais en droit de me réjouir; car, sans mettre plus de prix que je ne le dois aux actes nombreux de dévouement dont j'avais fait preuve dans cette périlleuse entreprise, je pouvais me rendre l'honorable témoignage que la plus grande part me revenait et dans le dessein et dans l'exécution.

Toutefois je n'étais pas sans inquiétude. Je savais bien que nous ne pouvions être que sur les côtes d'Afrique, mais j'ignorais quelle était la contrée qui nous recevait, et ce que nous devions attendre de ses habitants.

Avant de débarquer, nous avions aperçu sur la gauche et à environ une lieue du point sur lequel nous prîmes terre, un gros bourg, situé entre Oran et Alger, ainsi que j'ai pu en juger depuis, mais bien plus près de cette dernière ville, un peu en avant d'une grande chaîne de montagnes et au milieu de terres qui semblent très fertiles, mais incultes en grande partie. Ce bourg, dont j'avais oublié le nom, mais que j'ai appris depuis être *Cherchel*, n'est pas tout-à-fait sur les bords de la mer, il y communique par un petit port alors défendu par une espèce de redoute armée de deux pièces de canon en fonte. Nous avions voulu y aborder, mais la violence du vent ne l'ayant pas permis, nous relachâmes à une lieue de distance.

Nous nous dirigeâmes vers ce bourg pour demander l'hospitalité à ses habitants. A peine avions-nous marché un quart d'heure dans des terres couvertes de broussailles, que nous vîmes venir à nous trois hommes sans armes, à figures farouches et poussant d'affreux hurlements. Ils avaient pour vêtement une simple couverture de laine grossière qui laissait à nu les bras et les jambes. Nous les reconnûmes pour des bédouins. Cette rencontre de sinistre augure ne pouvait nous donner une idée bien agréable de l'accueil qui nous attendait au village. Cependant, leur ayant fait comprendre par nos signes que nous étions de malheureux naufragés et leur ayant montré la chaloupe, ces trois individus coururent vers elle dans l'inutile espoir d'y faire du butin.

Nous reconnûmes la nécessité de mettre parmi nous un peu de discipline; et, par l'effet de cette subordination qui caractérise si bien le militaire français, nous déférâmes à M. Filatraud, en sa qualité d'officier, le soin de diriger la marche. Il fut convenu que six hommes seraient détachés pour aller en avant, afin d'éviter les craintes que nous aurions pu causer aux habitants du pays en arrivant tous ensemble. Je me présentai le premier, et je fus suivi par le sergent-major Mauzac, le sergent Maillé, le sieur Damien, fourrier de dragons, et deux autres dont j'ai oublié les noms.

Après un quart d'heure de marche, deux enfants de dix à douze ans, vêtus de la même manière que les trois individus que nous avions déjà rencontrés, et hurlant comme eux, nous apparurent sur une terre un peu plus élevée que la route, nous menaçant de jeter sur nous de grosses pierres qu'ils portaient sur la tête. Ces menaces nous affligeaient en ce qu'elles semblaient annoncer la férocité des habitants de la contrée ; opinion qui prit bientôt une nouvelle force dans les démonstrations dont nous fûmes l'objet en arrivant au village. A peine fûmes-nous aperçus, que d'affreux hurlements se firent entendre de toutes parts. Trois cents barbares au moins, parmi lesquels beaucoup de mulâtres et quelques noirs, armés de pied en cap, accoururent vers nous et nous cernèrent. Au milieu de ces hommes au visage farouche, et dans ce déluge de houras, nous nous attendîmes aux plus affreux traitements. Ce fut avec autant de surprise que de plaisir que nous ne reçûmes que des témoignages de compassion, témoignages auxquels depuis long-temps nous n'étions certes pas accoutumés. L'un de ces barbares, portant un panier de figues sur la tête, toucha nos vêtements encore tout mouillés ; il nous donna plusieurs signes de

pitié, dont le plus agréable fut de nous offrir ses
figues, qui, comme on peut bien le penser, furent
acceptées et dévorées en un clin-d'œil. Ce peuple
n'était pas méchant. Nous l'avions mal jugé au
premier aperçu, prenant pour de la fureur ce
qui n'était que le mouvement d'une sauvage
curiosité.

Pendant que ces choses se passaient à l'entrée
du village, nous vîmes arriver nos camarades,
qui furent reçus à peu près comme nous. On nous
fit entrer tous ensemble dans une rue assez longue
qui aboutissait à une place où l'on voyait une
maison assez distinguée; c'était celle du Kaïd ou
gouverneur du pays. Il en sortit quatre officiers
qui commencèrent par nous débarrasser de la
populace armée dont nous étions environnés,
en lui ordonnant de se retirer, ce qui fut fait à
l'instant. Bientôt le Kaïd lui-même vint à nous,
accompagné de son interprète. Il nous fit demander en mauvais espagnol de quelle nation
nous étions et par quel hasard nous nous trouvions
sur ses terres. Nous lui répondîmes que nous
étions Français, prisonniers de guerre en Espagne
et échappés de l'île de Cabrera.

Après avoir entendu le récit des circonstances
de notre évasion, qui lui fut rapporté par l'inter-

prête, et qu'il écouta avec attention et intérêt,
il nous en fit faire compliment par celui-ci,
ajoutant qu'il n'y avait que des Français qui fus-
sent capables de pareilles choses. Il nous fit dire
en outre que le lendemain il aviserait aux moyens
de nous faire conduire à Alger pour nous remettre au Consul français établi dans cette ville. A
cette promesse, nous ne nous sentîmes pas de
joie, et nous nous mîmes à crier de toutes nos
forces : VIVE L'EMPEREUR ! VIVE L'EMPE-
REUR ! L'honnête Kaïd donna des preuves de
l'admiration qu'inspirait en tous lieux ce grand
homme : il se prit à claquer des mains avec ses
quatre officiers et à crier avec nous : VIVE
L'EMPEREUR !

Aussitôt que le Kaïd se fut retiré, on nous fit
entrer dans une terre close, où se trouvaient
plusieurs grands figuiers et quelques grenadiers,
chargés de fruits de la plus grande beauté. Il
n'est pas besoin de dire que nous nous serions
gardés d'y toucher, malgré la faim qui nous dé-
vorait; mais les quatre officiers, qui étaient
encore là, ayant remarqué l'avidité avec laquelle
nous regardions ces fruits, nous firent signe de
monter sur les arbres. Ce signe fut bientôt com-
pris et plus vite exécuté. Dans un instant il ne

restait plus de figues, ni mûres, ni vertes. Cependant des vivres nous arrivèrent plus appropriés à nos besoins. Il en était temps, car depuis deux grands jours, à part ces quelques fruits, nous n'avions ni bu ni mangé. Nous dûmes à la générosité de notre hôte deux moutons d'une énorme grosseur, une quantité considérable de riz, d'orge mondé et de haricots de très bonne qualité, ainsi qu'une espèce de gâteau sans levain que l'on fait dans ce pays. Sans doute il eût fallu, pour mieux faire à la façon de France, nous donner de quoi assaisonner ces aliments; mais la faim, qui prépare si bien tous les mets, les assaisonna de telle manière, que jamais restaurateur n'avait rien produit de si excellent. Bien et dûment rassasiés, nous nous couchâmes pour nous reposer de nos fatigues, et nous passâmes, sous les figuiers, une nuit délicieuse, dans un tranquille sommeil que nous ne connaissions guère depuis long-temps.

Le lendemain, nous nous attendions, d'après la promesse qui nous en avait été faite, à partir pour Alger; mais cela ne fut pas possible. Le Kaïd ayant réfléchi pendant la nuit aux inconvénients de ce voyage, nous fit prévenir qu'il n'y avait pas sûreté à s'y rendre par terre, ni pour nous, ni pour le peu de troupes qu'il pouvait nous donner pour escorte. Il avait décidé d'envoyer un exprès à Alger, pour informer le Dey et le Consul français de notre arrivée, et d'attendre leur réponse avant de prendre un parti. Force fut de nous résigner et de rester dans le jardin où nous avions déjà pris domicile. A la vérité, l'honnête Bey ne négligea rien pour nous dédommager de cette contrariété : il continua de nous envoyer des vivres en abondance et à nous faire jouir de toute sa protection. Au bout de seize jours, et le 10 septembre, nous vîmes arriver un corsaire français, qui nous était envoyé par le consul, avec des vivres pour la traversée ; il devait nous recevoir sur son bord et nous porter, selon la direction du vent, dans une des villes maritimes les plus rapprochées, soit en France, soit en Espagne, qui serait au pouvoir des Français. Le lendemain, nous reçûmes du digne Bey, qui nous avait si bien traités, de nouvelles marques de son amour pour les Français : il voulut augmenter nos provisions de bord de plusieurs pièces de volaille, et d'un joli bouc, selon l'usage du pays. Nous demandâmes à lui être présentés pour prendre congé. M. Fillatraud fit des remercîments au nom de tous, et donna du mieux qu'il put des témoignages de reconnaissance. Ensuite, nous

nous rendîmes au port, où nous nous embarquâmes un peu plus commodément et moins exposés pour le retour que nous ne l'avions été en venant.

Il y aurait à faire ici une comparaison bien digne des méditations de la haute philosophie, entre les mœurs d'un peuple civilisé, qui depuis peu nous avait fait éprouver tant de mauvais traitements, et celles d'une peuplade à demi sauvage, qui venait de prendre part à nos peines, et de les soulager par tous les actes d'une généreuse hospitalité. Mais cette digression, qui ne serait pas à l'avantage de la civilisation, me menerait trop loin, et je reviens à mon sujet.

Le corsaire qui nous conduisait, comme tous les corsaires du monde, plaçait l'intérêt beaucoup avant l'honneur. Il lui eût été facile de se rendre dans un des ports de la Catalogne, qui tous étaient occupés par les Français. En vain nous le pressâmes de prendre cette direction; il avait laissé à Valence ses armateurs, qu'il était intéressé à rejoindre. En conséquence, sans égard aux conventions faites avec le Consul et à nos représentations, il fit voile vers cette ville et voulut à toute force y arriver, quoique contrarié par le vent, qui nous tint en mer un temps infini. Enfin, au moment d'entrer dans le port, nous vîmes les drapeaux espagnols flottant sur les tours de la ville, que l'Empereur avait fait évacuer aux approches de l'expédition de Russie. Il fallut donc faire volte-face, et chercher un autre port occupé par les Français, au risque de tomber entre les mains des Espagnols ou des Anglais, qui croisaient sans cesse dans ces parages. Je laisse à penser dans quelle agréable perspective l'île de Cabrera dut encore se présenter à nos souvenirs.

Le capitaine du corsaire eut d'abord en vue Peniscola, port et place forte, comme point abordable le plus rapproché de celui où nous étions. Il fit voile pour ce lieu, et nous y arrivâmes sans autre rencontre que celle d'un corsaire espagnol, qui nous attaqua près des îles Columbrettes, et auquel nous aurions fait payer cher sa témérité; mais s'apercevant de son mécompte, il nous échappa à force de voiles. Nous y fûmes pour la perte d'une journée employée à le poursuivre, et pour le regret de n'avoir pu l'atteindre. Le vingt septembre, dix jours après notre départ des côtes d'Afrique, nous nous trouvâmes en vue de Péniscola. Nous aurions pu entrer de suite dans le port; mais n'étant pas assez près pour distinguer les couleurs du pavillon qui flottait sur la forteresse, et craignant que les Français eussent évacué cette place, comme celle de Valence, je proposai d'attendre la nuit, et d'aller moi-même sur un canot conduit par un seul marin, le lendemain avant le jour, écouter la diane sous les murailles du fort. Je reconnus les tambours français, et nous entrâmes dans le port.

Péniscola est une forteresse du royaume de Valence, située sur le bord de la mer, avec un port avantageusement placé pour le commerce de cette province. Elle avait été prise par les Français, qui s'y maintenaient au moment de notre arrivée; mais elle était menacée d'être bientôt assiégée par les troupes espagnoles, qui en occupaient déjà tous les environs.

M. le commandant Bardou, gouverneur de cette place, dont la garnison n'était que de six cents hommes, vit avec d'autant plus de plaisir notre arrivée, qu'elle lui procurait, dans un moment fort opportun, un renfort de trente-trois hommes, tous vieux soldats, décidés à se battre en désespérés, et à se faire tuer plutôt que de se rendre, par l'expérience qu'ils avaient des rigueurs de la captivité. Il nous fit armer de suite et nous assigna des compagnies, dans lesquelles nous fûmes placés en subsistance.

En effet, peu de temps après la place fut investie et assiégée. Bien approvisionnée comme elle l'était, elle pouvait résister pendant très longtemps aux forces espagnoles, si les hommes ne manquaient pas : malheureusement c'était là le côté faible. La garnison, trop peu nombreuse (600 hommes), s'affaiblissait de jour en jour par les pertes inséparables d'un bombardement. Au bout de trois mois, elle comptait presque la moitié de ces hommes morts ou hors de combat. On pouvait déjà prévoir le moment où l'on serait obligé de rendre la place, faute de combattants pour la défendre.

Dans cette occurrence, il se présenta à mon esprit un projet dont l'exécution pouvait être périlleuse, mais point impossible. C'était d'aller sur un petit bâtiment dans l'île de Cabrera, enlever un certain nombre de nos malheureux prisonniers, pour les conduire à Péniscola et en renforcer la garnison. Je connaissais si bien tous les points de la côte sur lesquels on pouvait aborder, les diverses issues et les dispositions des prisonniers, que je me croyais assuré d'enlever sans obstacles autant d'hommes que le vaisseau pourrait en recevoir. Je ne me dissimulais cependant pas les dangers d'une telle entreprise et les suites funestes qu'elle devait avoir pour moi, si le sort ou quelque évènement imprévu, venait à tromper mes calculs et à trahir mes espérances; mais j'étais jeune, amoureux de la gloire, et brûlant du désir de donner quelque célébrité à mon nom, en rendant un service signalé à ma patrie. Du reste, on sait assez que dans ces temps d'héroïsme, les dangers personnels ne comptaient pour rien, et que, pour beaucoup de jeunes militaires, l'espoir d'un avancement rapide, joint à un vif sentiment d'honneur, suffisait pour embellir et commander même le dévouement.

Telles étaient les inspirations auxquelles j'avais cédé en formant ce projet. Mais avant tout, il fallait le faire goûter au Gouverneur, et en obtenir les secours qu'il pouvait seul me fournir.

Le commandant Bardou était un militaire plein d'honneur, mais il n'était plus dans cet âge où l'on ne voit rien d'impossible. Soit que son esprit, naturellement prudent, le tînt en garde contre tout projet aventureux, soit qu'il ne pensât pas que quelqu'un pût exécuter ce qu'il n'aurait pas imaginé lui-même, il ne crut pas devoir accueillir ma proposition. Ce fut en vain que je me présentai devant lui à plusieurs reprises, et en présence du capitaine Hardy, commandant de place, qui, en ayant jugé autrement, était d'avis d'accepter mes offres. Rien ne put le convaincre de la possibilité du succès. J'aurais été forcé à demeurer là sans une catastrophe qui ne tarda pas à survenir.

Le siége était poussé avec vigueur. Une bombe, lancée des batteries ennemies, tomba sur le magasin à poudre, situé assez près de la partie du château habitée par le Gouverneur, et y mit le feu, ainsi qu'à un approvisionnement considérable d'obus chargés pour le service des batteries. L'explosion fut terrible. Elle renversa les appartements du Gouverneur, qui fut écrasé sous les ruines, avec deux officiers qu'il avait à sa table, tous ses domestiques et soixante-dix hommes de la garnison. De ce déplorable événement, il résulta que M. le capitaine Hardy devint Gouverneur, et que ce serait à lui que je devrais désormais m'adresser.

Lorsqu'il eut été remédié, autant qu'il était possible, aux désastres de cet épouvantable événement, sentant qu'il était plus urgent que jamais de réparer nos pertes, je me présentai chez le Gouverneur pour lui rappeler mon projet, dont il avait déjà connaissance. Cette fois je fus accueilli comme je le désirais et encouragé. Il y avait dans le port plusieurs bâtiments espagnols qui avaient été capturés par nos corsaires. L'un d'eux fut mis à ma disposition avec dix marins de bonne volonté et le nommé Morel, grenadier, sorti avec moi de l'île de Cabrera. Je fus bien aise d'être accompagné par quelqu'un qui, connaissant les lieux et les personnes, pût m'aider à réunir celles qu'il nous convenait d'amener, et qu'il ne fallait appeler qu'en ayant la précaution de ne pas se faire entendre des autres. Dans le cas contraire, le dépit du plus grand nombre aurait mis dans tout le camp un désordre dont l'inévitable résultat eût été de donner de l'éveil à la frégate; et alors, outre que l'expédition actuelle eût été manquée, nous aurions couru le risque de payer cher l'entreprise de notre précédente évasion. Le bâtiment fut de suite pourvu de ses agrès, des vivres présumés nécessaires, de cinquante fusils et de cent paquets de cartouches. Le lendemain, premier mars, à quatre heures du matin, j'étais en mer, faisant route sur Cabrera.

Notre début ne fut pas heureux. A peine étions-nous à une lieue de Peniscola, qu'à notre grande surprise, et sans avoir pu nous en apercevoir, à

cause de l'obscurité de la nuit, nous nous trouvâmes au milieu d'une escadre ennemie.

C'étaient six vaisseaux de guerre anglais qui
escortaient un convoi et longeaient la côte, se
dirigeant sur Valence. Heureusement ces vaisseaux, beaucoup plus gros que le nôtre, prêtaient
bien plus à la vue. Nos marins les découvrirent
les premiers, et m'appelèrent pour me les faire
voir. Quoique affecté de cette rencontre, je ne
perdis pas courage. Je jugeai que s'ils nous
voyaient cinglant vers la haute mer, ils pense-
raient avec raison que nous ne pouvions venir
que de Peniscola, occupé par les Français, et
que le seul moyen de prévenir cette idée, était
de changer de direction en faisant voile, comme
eux, sur Valence. Nous le pouvions d'autant plus
qu'à raison de la petitesse de notre navire, il
n'était pas probable que nous eussions pu être
aperçus. En effet, cette manœuvre trompa les
Anglais, qui prirent notre vaisseau, d'après sa
direction et sur la foi de son pavillon, pour un
bâtiment espagnol faisant le cabotage de ces côtes.
Cependant celui qui se trouva le plus près de
nous, ne manqua pas de nous adresser les questions d'usage : quelle nation? d'où venez-vous? où
allez-vous? Nous répondîmes : Espagnols, venant

de Mataro, allant à Valence. Sur ce, il nous souhaita un bon voyage. C'est ainsi que nous en fûmes quittes pour la peur et pour une journée que nous passâmes en cette compagnie, jusques à la tombée de la nuit. Dès que l'obscurité fut venue, nous reprîmes la direction de Cabrera, fort heureux d'avoir réussi dans cette feinte.

Deux jours après, sans autres difficultés, nous arrivâmes à la hauteur de Palma (Mayorque). Nous aurions pu aborder de suite Cabrera ; mais comme il était impossible d'en approcher le jour sans risque d'être aperçu par la canonnière qui fesait continuellement la ronde autour des côtes, je crus devoir attendre la nuit dans les cales ou baies de l'île de Mayorque, malgré quelques inconvénients que nous devions y rencontrer. Les Espagnols avaient construit dans toute la circonférence de l'île et de distance en distance, de petites tours qui servaient de corps-de-garde à des postes de soldats ou de douaniers, chargés de surveiller les bâtiments qui en approchaient. Nous étant rendus dans une baie, au-dessous de l'une de ces tours, nous fûmes interrogés sur les motifs de notre séjour dans ce lieu. Je prétextai le besoin de réparer quelques avaries et demandai le temps nécessaire. Mais, sur la menace qu'on allait en référer à l'autorité, nous quittâmes ce point pour aller dans un autre recevoir les mêmes refus et les mêmes injonctions. Cependant le temps s'écoulait ; la nuit arriva, et nous partîmes pour Cabrera.

Les bords de l'île de Cabrera forment sur plusieurs points des sinuosités qui, comme autant de petites baies, paraissent propres à recevoir des bâtiments d'une certaine grandeur; mais ces baies sont remplies de rescifs qui en rendent la fréquentation très dangereuse. Pendant mon séjour dans l'île, j'avais reconnu que celle de Lagandouf présentait un peu plus de sûreté; elle avait en outre, pour les besoins de notre expédition, l'avantage d'être éloignée du bassin où stationnaient la frégate et la canonnière; je résolus d'y prendre terre. Malheureusement le vent était toujours violent et la mer fort agitée. Arrivés à l'entrée de la baie, le pilote Cigala, de Marseille, refusa d'y introduire le bâtiment, sous prétexte que ce lieu n'était pas assez abrité par le temps qu'il faisait. Il décida le capitaine, le sieur Solési, piémontais, à virer de bord. En vain je réclamai contre cette détermination; il fallut retourner sur les côtes de Mayorque, pour y passer la nuit et le lendemain, arrivant d'un lieu à l'autre sous les mêmes prétextes et repoussés par les mêmes motifs.

La journée du quatre se passa ainsi en changements de position. A l'entrée de la nuit, nous reprîmes la direction de Cabrera, et nous arrivâmes heureusement à l'entrée de la baie. Là, mêmes difficultés que la veille, le vent étant toujours le même. Le pilote ne voulait point risquer la perte de l'équipage et refusait absolument d'entrer. Je m'en plaignis vivement au capitaine, et lui déclarai que je le rendrais responsable de sa lâcheté et du manque de l'expédition qui en serait la suite. Alors le sieur Solési, pour me prouver qu'il n'y avait pas de sa faute, courut lui-même à la barre du gouvernail et introduisit le bâtiment dans la baie, d'où je me fis porter à terre avec le grenadier Morel.

Il était près de minuit quand nous quittâmes le navire. Nous eûmes bien vite franchi la distance de trois-quarts de lieue qui nous séparait des camps. Ici, de nouvelles difficultés se présentaient : il fallait aller d'une cabane à l'autre réveiller les cent hommes que je voulais enlever, et le faire avec assez de précaution pour que la masse des prisonniers ne pût en être ébranlée.

D'un autre côté, n'étant pas gêné, comme la

première fois, par la considération du manque
de vivres, je devais donner quelque chose à
mes affections particulières, et choisir, entre
gens également malheureux, ceux que j'aimais
le mieux et que je croyais les plus propres à
justifier tout ce que j'en avais promis au Gouverneur. Par-dessus tout, il fallait de la célérité.
Morel connaissait comme moi les cabanes et les
hommes que je lui désignai ; il agissait d'un côté
tandis que j'opérais de l'autre, si bien qu'en un
instant, nos cent hommes furent appelés. Il
n'avait pas paru prudent de leur indiquer le lieu
où se trouvait le navire ; on s'était borné à leur
désigner pour point de ralliement la fontaine
qui se trouvait près du camp. Malheureusement,
l'extrême plaisir avec lequel il reçurent l'avis
inattendu qu'un bâtiment était là pour les prendre, ne permit pas à beaucoup d'entr'eux, moitié endormis qu'ils étaient, de bien comprendre
le lieu du rendez-vous. Il n'y avait que deux fon-
taines dans l'île : l'une, la fontaine indiquée, était
tout près du camp, l'autre se trouvait sur les bords
de la mer. Ceux qui ne se donnèrent pas le temps
de bien entendre crurent devoir se rendre à cette
dernière, pensant que c'était là qu'ils devaient
s'embarquer. Jugez de mon désespoir, quand,

arrivé moi-même au rendez-vous, je ne vis qu'une partie des hommes qui devaient s'y trouver. Je reconnus tout de suite la vraie cause de ce malheur, auquel j'aurais voulu remédier, en appelant encore du camp autant d'hommes qu'il en manquait ; mais il n'en était plus temps. Il y avait au moins deux heures que nous étions débarqués, et il fallait de suite retourner à bord, pour s'éloigner de l'île avant le jour. Il ne nous restait tout juste que le temps nécessaire, même en faisant la plus grande diligence. Ce fut avec un regret déchirant que je me rendis au pas de course à la baie de Lagandouf, accompagné du peleton que je venais de recruter, malheureusement réduit à trente-huit hommes.

A peine fûmes-nous en mer, que l'aurore commençait à paraître. Je ne doutai pas que la connaissance de notre expédition nocturne ne se fût de suite répandue dans le camp, et qu'elle n'y eût produit un mouvement capable de mettre en émoi la frégate et la canonnière. Je m'attendais à être poursuivi. Dans cette persuasion, au lieu de courir au vent pour nous éloigner le plus vite possible, direction dans laquelle on devait infailliblement nous chercher et peut-être nous atteindre, j'ordonnai d'aller autant que possible contre le vent, et de pousser vers l'île de Mayorque, où l'on ne pouvait nous supposer. Nous y passâmes toute la journée du cinq avec les mêmes précautions que les jours précedents, et jusques à la tombée de la nuit. Nous essayâmes alors de faire voile vers Peniscola, mais le vent était si contraire, qu'il nous fut impossible de suivre cette direction. Nous trouvant sur la partie de la côte qui fait face à l'île de Minorque, nous prîmes le parti de nous jeter sur cette île. Nous y passâmes en sûreté toute la journée du six, obligés quelquefois de répondre aux questions ordinaires, qui n'avaient plus pour moi rien d'effrayant, tant j'avais su prendre dans les manières et dans le langage, l'air et le ton d'un véritable Espagnol.

Le sept, sur les deux heures après minuit, le temps paraissant se mettre au beau, je pris la mer, dans l'espérance d'arriver à Peniscola, où je sentais que je devais être attendu, et en effet, comme il ne faisait que très peu de vent, quoique peu favorable, je pus conserver cette espérance pendant deux jours. Mais dans la nuit du huit au neuf, le vent devint si impétueux, que nous fûmes jetés en arrière jusques au-delà de Mataro. Le neuf, le vent tomba et se calma sur le soir, ainsi que la mer. Ce coup de vent, qui nous avait portés si loin de Péniscola, me contrariait d'autant plus qu'il nous exposait à de plus grands dangers, les côtes de Catalogne que nous avions à longer fourmillant de vaisseaux de guerre espagnols et anglais. Depuis les hauteurs de Mataró jusques à celles de Spitalo, je fus questionné neuf ou dix fois par des bâtiments que je rencontrai ; mais toujours la précision de mes réponses me fit échapper au malheur d'être reconnu. Déjà même je pouvais espérer d'être bientôt rendu à ma destination, pour peu que le temps eût favorisé la marche du vaisseau. Mon amour-propre se sentait flatté d'avoir amené à bien une expédition sur le succès de laquelle les convictions avaient été partagées, et je croyais pouvoir me réjouir du plaisir qu'allait éprouver le Gouverneur en recevant, par mes soins, un renfort que les circonstances devaient lui rendre plus nécessaire : illusions qui allaient être emportées sur l'aile des vents.

Dans le moment où je me livrais à ces consolantes idées, le vent grossit et refoula en arrière notre bâtiment, qu'il reporta vis-à-vis le golfe de Villeneuve, où se trouvait réfugié un gros convoi de bâtiments espagnols. C'était le même que j'avais rencontré devant Peniscola, et avec lequel j'avais été obligé de faire voile vers Valence. Pour éviter les soupçons qu'aurait fait naître mon passage devant le golfe sans m'y arrêter par le temps qu'il faisait, et la capture du bâtiment qui en eût été la suite inévitable, je crus devoir relâcher et jeter l'ancre au milieu de ces bâtiments ennemis. Je fus questionné de nouveau et toujours reconnu pour espagnol par mes réponses et à la faveur de mon pavillon. Mais cependant, comme j'avais à craindre, à force de faire la navette dans ces parages, de finir par être suspecté, je me décidai, aussitôt qu'il fut nuit, à partir pour Barcelonne, où le vent me poussait, dans le projet d'y attendre avec toute sûreté un temps plus favorable, et d'y faire des vivres qui commençaient à nous manquer. J'y arrivai en effet le 15, à neuf heures du matin.

On donna de suite avis de notre arrivée à M. le Gouverneur de cette ville, le lieutenant-général baron Habert, qui chargea aussitôt M. le général Lefèvre de se porter auprès du bâtiment arrêté en rade. Cet estimable général, après avoir écouté avec beaucoup de bonté le récit que je lui fis de notre voyage, voulut bien m'en faire compliment, ajoutant qu'il s'estimait heureux de porter le premier la nouvelle d'une entreprise aussi hardie à M. le baron Habert, qui, aimant beaucoup les belles actions, ne manquerait pas de faire grand cas de celle-ci. En effet, M. le Gouverneur me fit appeler et voulut entendre lui-même le récit des diverses circonstances tant de mon évasion de Cabrera que de mon expédition sur cette île. Il eut la bonté de donner les plus grands éloges au mélange de hardiesse et de prévoyance que j'y avais mis; éloges qui, de la part d'un juge aussi compétent en fait d'honneur, durent bien me dédommager de mes peines.

Cependant je ne regardais pas ma tâche comme remplie; je sentais que je devais me rendre à Peniscola, où l'on attendait, peut-être dans le plus pressant besoin, le renfort que j'avais promis d'amener. Je pris la liberté de représenter au général le devoir que je me croyais imposé par l'honneur, en le suppliant de me permettre de partir. Il me répondit, avec l'autorité de son grade et de son caractère, que non-seulement il ne le permettrait pas, mais qu'il le défendait. Il ajouta avec une extrême obligeance, qu'il était trop convaincu des fatigues et des périls auxquels j'avais été exposé dans ces deux entreprises, et

des nouveaux dangers qu'il envisageait pour moi
et pour tous ces malheureux que mon dévouement venait de rendre à la liberté, pour nous
laisser encore remettre en mer. Je ne veux plus
en entendre parler, s'écria-t-il, je ne permettrai
pas que vous partiez : vous en avez fait assez, et
je ne dois pas souffrir que vous alliez de nouveau
risquer de tomber entre les mains d'un ennemi
qui certainement récompenserait votre bravoure
par une mort affreuse. D'ailleurs, il tenait beaucoup, disait-il, à avoir des hommes comme nous
dans la garnison de la ville, et il arrêta aussitôt
de nous répartir dans les divers régiments qui la
composaient, afin de faire sentir aux autres militaires combien il était dangereux de se laisser
faire prisonniers. Les marins seulement retour-
nèrent à Péniscola quelques jours après, et tous
les militaires furent incorporés dans les divers
régiments de la garnison de Barcelonne.

Je dois concilier ici le témoignage de ma juste
reconnaissance envers M. le baron Habert. Ce
brave général, voulant me récompenser, autant
qu'il était en lui de le faire, pour tout ce qu'il
avait cru voir dans ma conduite de dévouement,
de courage et de prudence, me proposa aussitôt
pour être fait sous-lieutenant et être décoré de

la croix de la légion-d'honneur; malheureusement, les communications avec la France furent
interceptées bientôt après, et les désastres de 1814
vinrent en outre augmenter les difficultés. M. le
Gouverneur, voyant la tournure que prenaient
les affaires, perdit tout espoir d'obtenir les ré-
compenses qu'il avait sollicitées; mais voulant
me prouver sa bonne volonté, il me fit nommer
adjudant sous-officier, en me faisant passer du
117me régiment de ligne, où j'avais été incorporé,
dans le troisième bataillon bis du 42me régiment,
qui avait une place vacante.

Ce modique avancement fut le seul dédomma-
gement de mes peines et l'unique récompense d'un
dévouement dont l'incontestable résultat avait été
de rendre à la patrie, soixante-et-onze de ses dé-
fenseurs. Ici ma tâche serait finie. Qu'il me soit
cependant permis d'ajouter, que je ne pus jouir
long-temps de cette légère faveur. La restaura-
tion arriva, et avec elle le licenciement d'une
partie de l'armée. Je me vis contraint de me retirer avec un congé illimité, ou de rester en des-
cendant d'un grade. Je pris ce dernier parti, ne
voulant point perdre un état auquel depuis long-
temps je m'étais exclusivement dévoué. D'ailleurs
une nouvelle circonstance avait exigé de moi

une autre espèce de dévouement. Vers la fin de 1814, un incendie violent avait éclaté à l'hôtel de la poste d'Embrun, menaçant de consumer tout un quartier de la ville. J'eus le bonheur d'échapper aux nombreux périls qu'il me fallut affronter, et celui de contribuer puissamment à éteindre cet incendie. J'en fus récompensé par la décoration de la légion-d'honneur, et cela m'avait complétement déterminé à continuer l'état militaire dans l'espoir d'obtenir mon prompt avancement. Je restai alors comme sergent-major dans la légion de l'Hérault, depuis 20me régiment de ligne ; mais j'avais appartenu à l'ancienne armée, et tout le monde sait combien les vieux soldats, quoique n'ayant pour concurrents que des jeunes gens qui n'avaient jamais servi, avaient à souffrir des nombreux passe-droits auxquels ils n'étaient pas accoutumés. Fatigué de quelques injustices, et contrarié par les officiers de la compagnie, je résolus, quoique obligé de recommencer ma carrière, de passer en Corse dans la 17me légion de gendarmerie, avec l'espérance de trouver dans ce corps, qui a eu et qui aura toujours à faire un pénible et dangereux service, de nouvelles occasions de bien mériter de mon pays.

Je puis m'accorder ici le témoignage que m'ont souvent donné les ordres du jour de la légion, et même les journaux de la Capitale, notamment le *Journal des Débats*, que j'ai rendu en Corse des services signalés par un bon nombre d'arrestations de la plus haute importance, et par les plus constants efforts pour le maintien de l'ordre public, services qui me valurent en 1826 le commandement d'une lieutenance.

Je suis encore dans cet emploi, heureux d'y trouver de nouvelles occasions de prouver à ma patrie mon inaltérable dévouement.

Quoique ma qualité de militaire français, et j'ose dire, celle d'homme d'honneur, me donnent le droit d'être cru sur parole, je rapporterai ici le certificat qui me fut délivré à Barcelonne, le 20 mars 1814, par mes compagnons de captivité, ceux-là même que je venais d'enlever des prisons de Cabrera. Ce certificat, dont l'original est entre mes mains, fut visé le 27 du même mois, par M. le chef d'état-major de la deuxième division et du gouvernement de Barcelonne, le colonel Debain.

CERTIFICAT.

Nous, sous-officiers et soldats, prisonniers de guerre détenus dans l'île de Cabrera près Mayorque, ATTESTONS et CERTIFIONS que le sieur Masson Bernard, sergent au 67ᵐᵉ régiment de ligne, 4ᵐᵉ bataillon, 3ᵐᵉ compagnie, a abordé dans l'île de Cabrera, le 1ᵉʳ de ce mois, à onze heures du soir, sur un bâtiment de transport venant de Péniscola pour enlever des prisonniers; qu'étant venu dans le camp où ils logent, il en a averti soixante-et-dix pour se rendre tous au même lieu, mais que plusieurs de ce nombre se sont perdus et n'ont pas su trouver l'endroit où était mouillé le bâtiment, de manière qu'on a été obligé d'embarquer à trente-huit. On a fait voile sur Péniscola, puisque M. le Gouverneur qui en commande la place, n'avait laissé partir le sergent qu'à condition que ce dernier lui mènerait les prisonniers qu'il se chargeait d'enlever à l'ennemi. Il a été impossible d'y arriver, le mauvais temps l'en a empêché; on a mouillé pendant trois jours près des ports de l'ennemi, attendant toujours de pouvoir y faire voile; mais ne pouvant y aller par rapport au vent, on a été contraint de se rendre à Barcelonne, où l'on est arrivé le quinze au matin.

UN TRAIT DE BRAVOURE de la part du sergent Masson pour des camarades et des malheureux qui gémissaient sous le poids de la misère ne peut être assez prisé. Voilà trente-huit malheureux sortis de la captivité par son courage et son amour, et plus encore trente-trois autres qu'il sauva il y a quatre mois avec une barque qui était attachée à la poupe d'une frégate, en allant y couper la corde. Et c'est sur la côte de Barbarie que cette barque a été échouer après des tempêtes effroyables qu'ils ont éprouvées en route. De telles actions ne doivent pas être anéanties, et nous devons être à jamais reconnaissants au sergent Masson comme étant notre libérateur.

C'est pourquoi nous lui avons délivré le présent certificat pour lui servir et valoir selon son mérite, invitant tous les braves Français à le considérer et à lui donner aide et secours en cas de besoin.

Fait à Barcelonne, le 20 mars 1814 : Nougaret, sergent ; Chopine, sergent ; Guéry, sergent ; Tignel, fourrier ; Duval, caporal ; Coquelin, ca-

poral; FAGE, sergent; SALVAT, RIMBAUT, GRAND-
RUE, voltigeurs; BELISEN, caporal; RAULT, signés
à l'original.

Vu par le Colonel, chef d'état-major de la
deuxième division et du gouvernement.

Barcelonne, le 27 mars 1814.

Signé le COLONEL DEBAIN.

(Ici le cachet de la division.)

FIN.